怎样培养孩子的关键社会能力
（手绘实例版）

怎样培养孩子的情绪能力

朱慕菊 文　　唐妍 图

北京师范大学出版集团
BEIJING NORMAL UNIVERSITY PUBLISHING GROUP
北京师范大学出版社

图书在版编目(CIP)数据

怎样培养孩子的关键社会能力 ：手绘实例版. 怎样
培养孩子的情绪能力 / 朱慕菊文，唐妍图. -- 北京：
北京师范大学出版社，2017.1（2019.1 重印）
ISBN 978-7-303-21333-7

I . ①怎… II . ①朱… ②唐… III . ①社会教育 -
学前教育 - 教学参考资料 IV . ①G611

中国版本图书馆 CIP 数据核字 (2016) 第 243925 号

营 销 中 心 电 话　　010-58806648
北师大出版社学术著作与大众读物分社　　http://xueda.bnup.com

ZENYANG PEIYANG HAIZI DE QINGXU NENGLI

出版发行：北京师范大学出版社 www.bnup.com
北京市海淀区新街口外大街 19 号
邮政编码：100875

印　　刷：大厂回族自治县正兴印务有限公司
经　　销：全国新华书店
开　　本：889 mm×1194 mm　1/20
印　　张：6.5
字　　数：162.5 千字
版　　次：2017 年 1 月第 1 版
印　　次：2019 年 1 月第 5 次印刷
定　　价：20.00 元

策划编辑：胡　苗　　　　责任编辑：胡　苗
美术编辑：袁　麟　　　　装帧设计：敖省林
责任校对：陈　民　　　　责任印制：乔　宇

版权所有 侵权必究

目　录

写在前面的话

亲爱的小朋友的爸爸妈妈，你们好！作为年轻的父母，一定对小宝宝的人生前景有着美好的遐想，对如何养育孩子有着自己的选择，但我想培育孩子终身幸福生活的能力可能是你们的核心追求，而这种能力的实现，需要有教育规律的引导。当前的升学竞争引发了家长的焦虑，商业竞争利用了这一焦虑，酿成"不要输在起跑线上"的思潮和衍生产业，毫无顾忌地违反教育规律，赚孩子们的钱，这种现象还在逐步升级，这对儿童的健康成长是十分有害的。你们是否认真地思考过：什么是孩子真正的"起跑线"？是识字、算数、拼音，还是各种"特长"？

国际上关于早期儿童发展的研究成果揭示出，在儿童早期，一些关键社会能力的发展对孩子未来融入社会、事业成功、婚姻幸福等都有着很强的预测作用。研究特别强调相关教育措施在儿童早期介入的重要性。但是，"介入"并不等同于成人居高临下的"说教"和"训练"，要充分体现成人对孩子的尊重，并在乎孩子在成长过程中是否获得了真正的快乐。日本幼儿教育专家岸井勇雄先生提炼了十个充满教育意义的"快乐感"：

◎ 做想做的事时的快乐（自发性、主体性的发挥）

◎ 全力投入活动时的快乐（全力活动）

◎ 把做不到的事变成做得到时的快乐（能力的增强）

◎ 把不知道的事变成知道时的快乐（知识的获得）

◎ 想办法、下功夫创造时的快乐（创造）

◎ 帮助他人、做了好事时的快乐（有用与行善）

◎ 自己的存在被他人承认时的快乐（人格的承认）

◎ 共感时的快乐（共感）

◎ 遇到更好的人或事物时的快乐（相遇和认识）

◎ 和自己喜欢的人在一起时的快乐（爱和友好关系）

——引自岸井勇雄《未来的幼儿教育——培育幸福生活的能力之根基》

（李澎译）

　　孩子要得到这些快乐，需要成人的理解和支持，孩子正是在这样一种关爱和引导中，建立起对人类社会的爱和基本信赖，从而逐步将正确的价值观、社会的规则内化为自己行为的标准，才能形成关键的社会能力，为自己的人生幸福奠定基础，愉快而自信地站到人生的"起跑线"上。

　　本套书力图将心理学、教育学关于儿童社会性发展的基本观点，结合爸爸妈妈在日常生活中经常出现的误区、忽视点、不当做法等，深入浅出地解释原理，提出改进建议。

　　本丛书的内容包括怎样培养孩子的交往能力、自尊心、自律能力、情绪能力、积极主动性和亲社会行为六个方面，这六个方面虽是分册写的，但在实际生活中却是水乳交融、互为关联的。每册书将围绕三方面的内容展开：一是简介这些社会能力在儿童早期的产生和发展；二是提出怎样培养孩子这些社会能力；三是提醒家长如何避免不当的教育行为。

在写这套书的时候，我已经是慈爱的祖母了。自 1982 年从北京师范大学教育系学前教育专业毕业至今，已经过去了 34 年，其间有 30 年在教育部为基础教育服务，其中 20 余年从事学前教育工作，参与和经历了我国学前教育最为深刻和广泛的改革，这些对中国未来意味深长的改革，引发了我和我的同学们、同事们对学前教育使命的思考：面对纯洁、充满活力和潜能的小朋友以及对孩子充满期待的父母，幼儿园和家庭的教育要为孩子的终身幸福贡献什么？

当"不要输在起跑线上"的声浪掩盖了教育规律、动摇了理性认识时，我想用最朴素、最深入浅出的方式让家长摆脱莫名的焦虑，站在孩子的立场，用爱心和智慧来发现孩子，培育孩子，成为他们幸福人生的引路人。

30 年的公务员生涯，写尽各式公文，但做梦也不会想到，有朝一日会采用绘本的方式给家长写书，然而，正是在寻求"最朴素、最深入浅出的方式"时，最终选择了绘本的方式。尽管已忐忑地认识到自己是拙笨的作者，但还是鼓起了勇气，因为，很想为像我小孙孙一样可爱的小朋友做点什么。因此，请大家容忍我的拙笨，接纳我的热情。

由衷感谢我的老师陈帼眉教授，在她 85 岁高龄时，还接受了我的请求，给这套书提出了深刻的专业意见和建议，她让我深感学海无涯，余生须努力。

由衷感谢北京第五幼儿园朱小娟园长和老师们，在这套书写作过程中得到她们来自实践视角的支持与建议。

给这套书绘画的唐妍女士，是位理解儿童、富有经验的优秀动画导演，对心理学、教育学抽象的表述有着深刻的理解力和具体、生动的表现力，得益于她的智慧和创作，这套书具有了深入浅出和幽默诙谐的面貌。感谢她与我的默契，感谢她竭诚的投入。

2016 年 7 月

培养孩子的情绪能力非常重要

作为父母，不可避免地要面对孩子的各种情绪，特别是遇上孩子坏情绪时，很多父母不知如何应对。实际上，孩子产生情绪困扰时，往往不会诉说和自我化解，需要父母和老师理解他们，帮助他们转化不良情绪，培育愉快、与人亲近的积极情绪。否则，孩子会在父母的不知所措中，在默认和无奈中形成不良情绪和待人接物的坏习惯。

多年的独生子女政策，带来了一系列教育的挑战，特别在儿童早期，孩子任性、以自我为中心、难以控制自己、交友困难等现象较为普遍地存在。这些问题在不同程度上指向了儿童对社会规则的认知和自我控制的能力。

人在社会上生存，必须适应环境，不论任何人，都不可能不论场合、不论时间、不加约束地随意表达自己的情绪，而必须了解和遵守社会规则、道德规范和行为标准，要有能力控制自己的情绪和行为。每一个孩子未来都将融入社会，都必须在一定的社会规则和传统文化中生活，因此，具有良好的情绪能力是非常重要的，它直接影响人的社会能力，影响个人目标的实现。因此，父母应从孩子年幼时，就要关注和有意识地培养。

　　研究指出，学前儿童情绪能力的发展，与其他各方面的发展，如认知的发展、语言的发展、交往能力的发展、自我认识的发展等紧密相关，因此，要在孩子整体发展的背景下，关注他们情绪能力的发展。学前阶段要特别重视孩子对自己情绪的理解和表达，以及和同伴进行交流时，能否调节自己的情绪，与同伴维持积极的关系。

　　本书力图通过通俗易懂的方式，让年轻的爸爸妈妈理解孩子情绪发展的一般特征和规律，建立促进孩子情绪能力发展的基本观念，掌握一定的策略、技能和方法，避免伤害孩子情绪的做法，积极促进孩子情绪能力的发展。

一、儿童的情绪能力是怎么发展的

在学前阶段，孩子对自己情绪和别人情绪的理解力发展迅速，孩子在与别人的互动中，逐步理解了别人所表达的情绪和原因，并开始学习在特定的环境中，适宜地表达自己的情绪，控制和调节不恰当的情绪，面对具体的情景作出回应。

学前儿童情绪能力的发展，需要成人的引导、理解和教育。首先，父母需要理解情绪在孩子生活中所发挥的作用；其次，父母还需要了解影响孩子情绪能力发展的主要因素，以避免不恰当的行为，选择有积极意义的行为；最后，父母还应了解孩子情绪能力发展的一般性规律，比如，不同年龄段孩子各具有什么样的特征，他们怎样理解自己的情绪，如何识别他人的情绪，如何调节和表达自己的情绪等。

父母只有理解孩子情绪的状态和原因，根据儿童情绪能力发展的一般性规律，以及他们的具体需求，步步深入，才能有效地促进他们情绪能力的发展。

1. 学前儿童情绪发展有什么特点

★ 孩子的情绪表达能起到重要的沟通作用

哭泣能够唤来妈妈；

微笑能促使妈妈积极地与孩子互动；

害怕或伤心会引来妈妈的关注和爱抚；

生气会提醒妈妈立即停止让他不高兴的事；

……

婴儿的情绪表达会引起父母的关注，促进亲子互动。

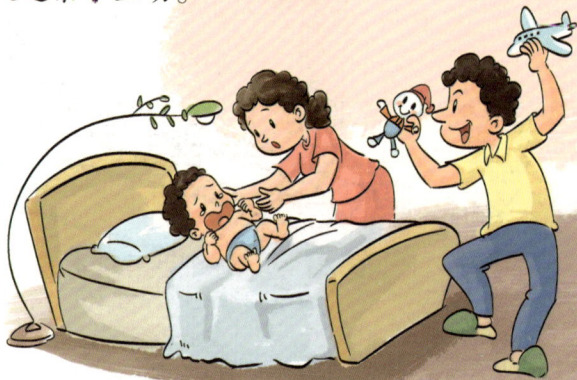

★ 孩子的情绪发展是有顺序的

初生婴儿几乎完全受冲动和欲望的影响，不能控制自己的情绪；

6周以后，能表达愉快的情绪；

4~7个月，能表达生气、伤心等情绪；

6~12个月，能表达害怕、害羞、惊喜、分离焦虑等情绪；

1岁末，能表达得意、挫折等情绪；

2岁末~3岁，能表达热爱、妒忌、骄傲、羞愧、内疚等情绪；

3~4岁，逐步发展出初步的自我控制和自我调节能力；

5~6岁，大多具有一定的情绪控制能力。

提示： 儿童情绪表达的发展与成熟，与儿童自我意识、语言、认知等方面的发展是一致的。

★ 孩子的情绪发展是逐步分化的

在生命的第一年，孩子只具有愉快、生气、害怕、伤心四种基本情绪。随着孩子各方面的发展，以及对情境和事件理解力的增强，在第三年时，他们的四种基本情绪开始精细化：

愉快可进一步分化为快乐、满足、喜悦、得意等；

生气可进一步分化为厌恶、愤怒、嫉妒、厌倦等；

悲哀可进一步分化为不高兴、伤心、泄气等；

害怕可进一步分化为焦虑、担心、惊慌等。

提示： 在生命的前几年，孩子主要的分化情绪已基本出现，情绪的多样性和复杂程度逐步增长。

2. 情绪能力对孩子有什么样的影响

　　随着孩子年龄的增长，情绪能力的发展有助于孩子表达自己的情绪、理解别人的情绪和学会逐步地调节自己的情绪。

★ 表达自己情绪的能力

　　具有较强情绪能力的孩子经常表现出愉快、满意、亲昵等积极的情绪，在这种情况下，父母和老师要给予积极的回应和鼓励；情绪能力较弱的孩子经常为一些小事就表现出愤怒、伤心、焦虑等消极的情绪，对此，父母和老师要高度关注，及时了解他们的苦恼，予以疏解并引导他们转向积极的情绪。

★ 理解别人情绪的能力

　　情绪理解能力强的孩子，能比较准确地判断别人的情绪状态，在同伴中更受欢迎，也能较好地调节自己的情绪。父母要有意识地指导孩子察觉别人的情绪，并推测其原因。

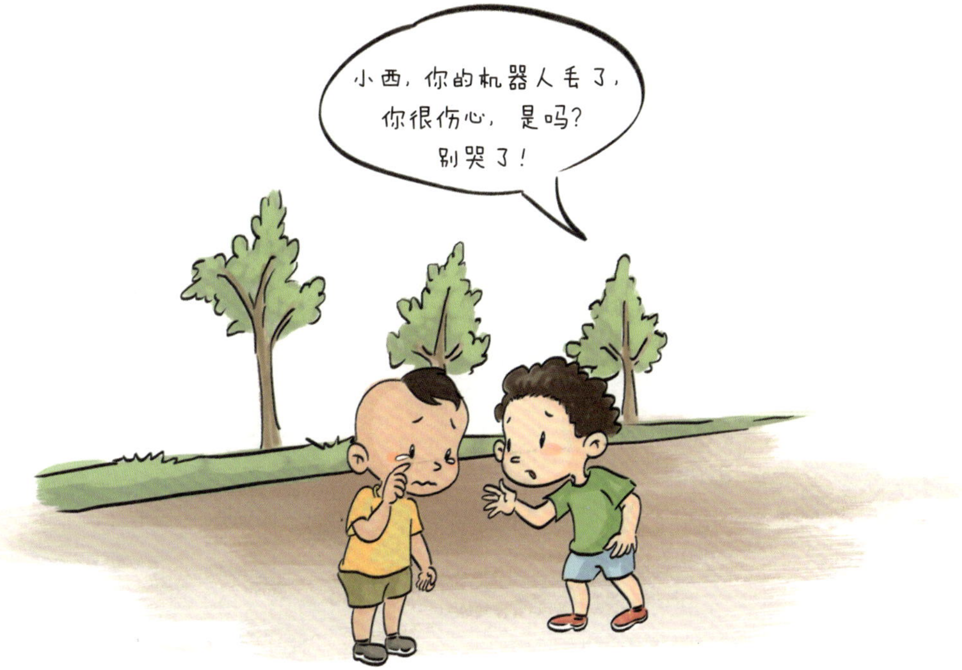
小西，你的机器人丢了，
你很伤心，是吗？
别哭了！

★ 调节情绪的能力

　　在具体情境中，能较好地控制
自己情绪的孩子，体现了一定的自
律能力，这有助于他们与同伴顺利
地进行交往。父母应有意识地帮助
孩子学会控制情绪，这对他们未来
的社会能力有着重要的影响。

3. 哪些因素会影响孩子的情绪能力

★ 是否具有归属感和安全感

在婴儿期，妈妈如果与孩子建立了安全的依恋关系，孩子会与母亲、环境等建立起信任感，会感到安全并产生归属感。因此，在婴儿期间，妈妈要敏锐地发现孩子的需求，及时给予满足或反馈，以培养孩子积极的情绪。

★ 能否得到父母的关注与支持

　　如果父母对孩子的喜怒哀乐不关注，甚至忽视，或很少与孩子谈到他们的情绪，孩子会认为他的感受一点儿也不重要。同时，如果孩子缺乏对情绪的谈论，就无法扩展关于情绪的词汇，情绪理解力也就得不到很好的发展，这会影响他与老师、同伴的交往，也会影响自己的情绪调节。

★ 妈妈的情绪

　　妈妈的情绪状态会影响孩子，如果妈妈经常表现出消极的情绪，孩子就会受到影响，并随之表现出消极情绪，这将直接影响孩子情绪调节的能力。

★ 对评价标准和规则的理解

　　2~3 岁的孩子情绪开始分化，在与环境和人的互动中，会出现内疚、骄傲、羞愧等情绪，而这些情绪产生的前提，是孩子对成人认可的一些规则和标准的理解和认同。

案例： 1.叮叮会用勺子吃饭，而且吃完后碗里和桌子上都很干净，得到了妈妈的表扬，叮叮感到非常高兴。

提示： 妈妈认为叮叮吃饭"好"的标准是：自己能用勺子吃，碗里和桌子上都要干净。叮叮用这个标准来评价自己，引发了自豪感，体验到高兴的情绪。

★ 孩子的语言与认知能力

孩子对情绪的理解和表达能力，是随着社会认知能力的发展而发展的，如果发生的事件超越了孩子对情绪复杂程度的认知水平，或缺乏合适的情绪词汇，就不能准确地表达他们的情绪。

案例： 在幼儿园里，叮叮跑得最快，可运动会赛跑时摔了一跤，本应属于他的第一名被奇奇得到了，他感到很沮丧，但由于不知道这种情绪叫做"沮丧"，他只会说："我不高兴了！"

二、怎样帮助孩子发展情绪能力

孩子情绪能力的发展离不开父母和老师的理解与指导，而对孩子的指导，一定要基于孩子所处年龄段情绪发展的规律和目标。比如，婴儿期应注重发展信任感和安全感，避免无助感和怀疑感；2~3岁应注重发展自主性，避免害羞和疑虑；4~5岁则注重发展主动性，避免畏缩和消极。抓住各年龄段的基本任务，有针对性地加强指导，才会产生积极的效果。

帮助孩子发展情绪能力，父母首先要理解，情绪能力的发展是与孩子的社会认知能力、自我意识、语言能力等方面的发展整体、同步进行的，不能靠单方面的加强；另一方面，孩子对情绪的理解和调节的依据与前提，是要将父母的要求、社会的标准、行为规范等内化为自己言行的标准。因此，父母需要帮助孩子了解社会规则、行为标准等，在了解孩子情绪发展的一般规律上，掌握一些方法和技能，帮助孩子恰当地表达自己的情绪，理解自己和他人的情绪，学习调节自己的情绪；同时，帮助孩子在日常生活中正确对待和处理各种消极情绪，保持积极情绪。

1. 抓住不同年龄段情绪能力发展的主要任务

★ 婴儿期的重点是培养信任感和安全感

　　在这一阶段，父母要有意识地让孩子感到：爸爸妈妈是爱我的，我是安全的，周围的环境是可把握的，从而感到安全和信任。要避免父母或养护者对孩子忽视、粗暴等不当做法所引起的无助感、不信任感和不安全感等。

★ 2~3 岁的重点是促进自主性的发展

　　在婴儿期建立了信任感和安全感，孩子开始从依赖他人逐渐转变为有主见的人，这时，父母应尽量给予孩子尝试的机会，允许他们自己作选择，但也有必要对一些行为提出限制和要求。要避免对孩子独立自主的行为不耐烦，也不要经常批评和拒绝孩子，这会让孩子感到害羞，对自己产生怀疑。

★ 4~5 岁的重点是促进积极主动性的发展

4~5 岁的孩子会感到自己的能力，希望被他人接受和重视，一旦被父母或老师承认，就会表现出积极的情绪和做事的主动性，不仅愿意去尝试，而且相信自己能做好。因此，在这一阶段，孩子情绪发展的重点是积极主动性。父母应避免对孩子创造性的构思、幻想的游戏、夸张的语言进行讽刺和批评，否则会伤害孩子的主动性，并让他们产生消极情绪。

2. 支持孩子表达情绪的 八个策略

★ 理解孩子的消极情绪

　　孩子们经常因为没睡醒、父母没满足他们的要求、与小伙伴闹别扭等，产生一些消极的情绪，这些情绪都是真实而正当的，没有正确与错误之分，父母要联系情景，尽可能准确地理解孩子的情绪状态，并促进他们转向积极情绪。

案例：妞妞（3岁）想穿奶奶做的新衣服去幼儿园，但因还没钉完扣子，没能穿上，她就哭了。妈妈说："今天没穿成新衣服，很伤心吧？但你可以去告诉老师，'我有一件新衣服，明天穿给你看，好吗？'"妈妈的做法不是命令她："不许哭！"而是引导她转向积极的情绪表达。

★ 帮助孩子表达积极情绪

　　2~6 岁的孩子遇上了高兴的事时，常常会激动得喊叫、奔跑，选择用身体、动作极端地表达他们的情绪，如以热烈的拥抱和啃咬表示热爱等。父母可以通过亲身示范、和孩子一起看动画片、共同阅读等途径，告诉孩子如何恰当地表达高兴、热爱等积极情绪。

案例： 爸爸和小西共同欣赏童话《白雪公主》，当看到最后，王子见到了沉睡的公主，用亲吻唤醒了她这一情节时，爸爸问小西："如果是你，你会用什么方式呢？"

我会去挠她的脚心!

★ 给孩子示范如何谈论感情

　　观察是孩子重要的学习方式，学龄前的孩子在与父母的互动中，会观察他们如何谈论感情、表达感情，并逐渐形成自己表达情绪的方式。因此，父母要成为孩子谈论感情的榜样，引导孩子习惯于谈论感情，经常与孩子谈论一些会影响人情绪的话题。

案例： 1.爸爸说："啊! 下雪了，到处都像童话世界，多美呀，你喜欢吗？"

案例： 2.妈妈："如果你忘了向奶奶祝贺生日，她一定会失望的。"

★ 帮助孩子坦然表达情绪

　　孩子常常因为害羞、胆怯等原因不能坦然表达自己的情绪，父母要经常有意识地要求孩子描述自己的感受、愿望或遇到的困难；当发生了引发情绪的事件，父母要耐心地引导和帮助孩子坦然地表达情绪，特别是消极情绪。经过这样的过程，孩子更容易理解自己和别人的情感，逐步学会开放而诚实地表达自己的情绪。

案例： 叮叮哭着从外面跑回家，爸爸妈妈没有马上追问原因，等他情绪平静了一些时，爸爸很关切地与他交流，弄清楚缘由，引导他说出正在体验的情绪，并提出了自己的建议。

★ 对孩子的情绪表现作出适当反馈

　　父母、老师要对孩子的情绪表达方式作出适当反馈，引导他们逐渐知道在何时、何地、如何恰当地表达自己的情绪。

案例： 1.奇奇（10个月）对会放屁的卡通熊咯咯大笑，妈妈也和他一起大笑。这使奇奇感到他的笑得到关注，没被忽略，他会更经常地笑。

案例： 2.奇奇在客厅里摔了一跤，他本想哭的，抬头看了一下爸爸，爸爸微笑着，用手势示意他自己爬起来，奇奇赶紧爬了起来，爸爸伸出了大拇指。

★ 对孩子的情绪表现给予直接指导

　　父母、老师可以对孩子的情绪表现直接提出意见，也可以通过评论别人表现得恰当与否，告诉孩子应该怎样做。

案例：1.妞妞两岁了，总是哭闹着要爸爸抱她，妈妈说："妞妞，你不再是小宝宝了，不能老哭闹着让爸爸抱你。你可以自己走。"

案例：2.叮叮画的树像个电线杆，壮壮在一旁瞧不起地抿着嘴笑，妈妈把他带到一旁说："讥笑别人不好。"

★ 教给孩子一些合适的词汇

父母要经常观察孩子的情绪，如发现孩子处于某种情绪中时，要告诉他们正在体验着的情绪的词汇，帮助他们确切地描述自己的情绪，词汇量越大，他们对情绪的感知和理解就越准确。这不仅会帮助他理解自己的情绪，也有助于理解别人的情绪。

案例： 幼儿园开展"收获"的主题活动，叮叮非常认真地做了一个向日葵，满心想得到老师的表扬，但老师却没有表扬叮叮。叮叮情绪低落,妈妈说:"老师没表扬你，感到很失望，对吧？"叮叮开始知道自己此时此刻的情绪是"失望"。

★ 引导孩子的情绪表达尽可能符合礼貌礼节

　　每个社会都有一些属于自己的情绪表达规则，在帮助孩子发展情绪能力时，要引导他们理解礼貌礼节，教导他们做人的道理，遵从文化传统的表达规则。

案例： 叮叮6岁生日时，爸爸的礼物是一本书，他极为失望，因为他想得到一个飞机模型。妈妈悄悄地对叮叮说："过生日得到长辈的礼物，无论礼物是什么，都要有感恩之心，即便感到失望也要对爸爸表示真诚的感谢。"

3. 帮助孩子理解他人情绪 和调节自己的情绪

★ 帮助孩子理解自己的情绪

　　家里要有明确的是非与褒贬标准，让孩子清楚地知道爸爸妈妈赞赏什么，批评什么，知道做了什么样的事会得到表扬，做了什么样的事爸爸妈妈会失望，会批评；自己会沮丧、羞愧。当孩子能够意识到自己高兴或伤心的缘由，他就有可能理解别人为什么高兴或伤心。

批评　赞赏

★ 关注孩子与同伴的交流

　　孩子要与同伴维持积极的交往，就不可避免地要进行语言和情绪的充分交流。父母要关注他们之间的友谊、话题、事件、冲突等，如果孩子处在消极情绪中，要采用孩子能理解、可接受的方式，分析出现的问题，提出积极的建议，帮助孩子调节自己的情绪和行为。

★ 帮助不同年龄段的孩子处理好情绪问题

　　3 岁的小朋友面对冲突或恐惧时，往往通过哭闹、喊叫等方式来释放紧张的情绪，父母要理解孩子情绪的发泄，并根据具体情况，给予孩子适当的回应。

案例： 1.叮叮的玩具被小西抢走，叮叮大哭了起来，期望爸爸妈妈的帮助。

提示： 父母要理解孩子对自己的依赖，不能强制不许哭，而是要去安慰、帮助他们。

案例：2.妞妞要注射疫苗，她一看见注射器就要哭，这时，妈妈拿出事先准备好的玩具，吸引了她的注意。

4 岁的小朋友则愿意尝试自己想办法解决问题，包括请大人来帮忙，比如，发生冲突时找老师或父母"告状"，使用这种方式可以避免进一步的冲突。

5 岁的小朋友面对冲突时，则往往更多采取回避的策略。随着年龄的增长，他们可能会选择避开冲突，而去寻找更加有趣的事。父母要理解、支持孩子回避冲突。

案例：叮叮的玩具被奇奇抢走了，叮叮没与奇奇抢夺，而是找了一辆红汽车自己津津有味地玩起来。

提示：父母和老师应仔细观察孩子的行为，支持他们通过自己的努力去解决问题，从而转化或平息愤怒的情绪。

★ 帮助孩子处理强烈情绪

孩子会因为误会、自尊心受伤、极度伤心等爆发强烈情绪，很容易采取攻击性行为，这时，成人应立即制止，同时理清事情缘由，耐心地重新解释事件，来帮助孩子处理强烈情绪。经过解释，孩子可能会平息情绪，从而调节自己的行为。

①

案例：叮叮好不容易把积木搭成"摩天大楼"，这时壮壮推着小车从远处跑来，从叮叮身边经过时，不小心把"摩天大楼"撞倒了！叮叮大怒，一下将壮壮推倒在地，正要挥拳时，老师来了，问清事由后，向叮叮解释壮壮不是有意破坏，壮壮也真诚地道了歉，叮叮的怒气也就消失了。

②

③

④

⑤

★ 培养孩子的同情心和内疚感

　　引导孩子理解、体验到别人的痛苦，有助于他们同情心的形成。有同情心的孩子易于产生亲社会行为，并与同伴建立良好的人际关系，体验受欢迎、成功的喜悦情绪。

　　帮助孩子对自己不良情绪造成的后果或错误感到内疚，孩子会努力弥补自己的过失，并避免再次发生同样的不恰当行为。

★ 促进孩子将社会、父母的要求转化为自己的标准

一是要让孩子了解什么是"好"的标准、做事的规则，以及父母希望达到的目标；

二是对儿童的要求和规则要简单而明确；

三是孩子一旦达到目标，父母要给予由衷的赞许。

在这个过程中，父母应及时让孩子知道对他们的行为是否满意，加强孩子对标准的理解，并逐步地将这些标准内化为自己的行动准则。

案例：小博和红红是双胞胎（4岁），每天为抢玩具、图书、食物打架，爸爸妈妈为解决她们的问题，提出：凡出现争抢的时候，谁先提出轮流的办法，或谁先谦让，爸爸妈妈就会表扬谁，并给予奖励。

一周过去了，爸爸妈妈对他们的表现进行了评价，现在小博和红红已非常清楚要求和标准，并尽量按此规范自己，要求对方。

4. 帮助孩子处理消极情绪

★ 伤心

　　孩子常常因为同伴不友好、思念亲人、丢了喜欢的东西、挨了训斥、有话无处倾诉等原因产生伤心的情绪。

　　父母不能忽视孩子的伤心，要给机会让他们倾诉，并认真地倾听，理解伤心的缘由，允许孩子发泄，并抚慰、陪伴他们。当情绪稍微平静，可建议孩子和朋友一起玩，或去做喜欢的事情。告诉孩子，无论谁都会有伤心的事，但这些终将会过去。

★ 害怕

孩子常有一些莫名的恐惧，如噩梦、黑暗、影子、电视中的恐怖情节等；还有一些现实中害怕的问题，如打雷闪电、凶恶的动物、爸爸妈妈吵架、挑战体能的运动等。父母要承认、理解孩子的恐惧，积极帮助他们化解，而不能忽视孩子的恐惧，甚至嘲笑、批评他们。

提示： 1. 如果做噩梦了，可引导孩子把梦的内容讲出来；如果怕黑，可以和孩子一起在夜晚去了解周围环境，共同体验黑暗；如果怕爸爸妈妈分开，不要自己了，父母应避免在孩子面前吵架，告诉孩子父母爱他们，永远不会不要他们；如果害怕，可以让他们抱着自己喜欢的布偶，或鼓励孩子去做平时喜欢的事。

★ 生气

孩子在很多情况下都有可能生气，比如，被取笑，被冤枉，被误会，没有达到自己的目标，喜欢的东西被弄坏，专注看书或做事时受到打扰……有的孩子在生气时说脏话、吼叫、打人、满地打滚、扔东西等，控制不了自己的愤怒。

对于孩子为什么生气，父母要冷静分析原因，或聆听孩子的倾诉，根据具体情况进行解释或疏导，引导孩子控制愤怒，转向如何解决冲突。如果孩子在气头上想要做出伤害别人、带有破坏性质的事，要立即制止。在如何控制愤怒、解决冲突方面，父母是孩子潜移默化的老师，以身作则是最好的教育。

案例： 壮壮的爸爸生气时经常把手里的东西扔出去，壮壮也学会了，生气时也会抓东西扔出去。

★ 分离焦虑

在孩子 6~8 个月大时，已经表现出与亲密的人分开的焦虑，实际上，即使是 6 岁以上的孩子，在与所爱的人长时间分离时，也会有焦虑和抑郁的表现。

提示： 1. 对于孩子新入园所产生的分离焦虑，可早一些带孩子去参观新的环境，熟悉那儿的建筑物和场所，并耐心向他们介绍幼儿园的生活；如果能在孩子入园前，找到一个小朋友作为新入园的同伴，则会有效减少孩子在新环境里的恐惧感和孤独感。

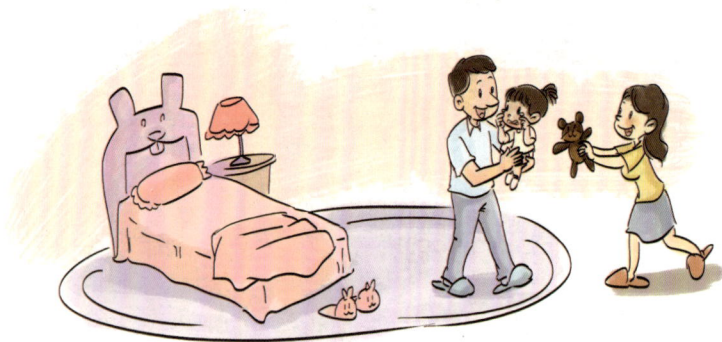

父母不能忽视孩子因分离带来的思念和焦虑感，要了解孩子的情绪状态，给孩子关怀。可以提供让孩子喜欢、安心的物品陪伴他，也可以引导孩子去做自己喜欢的事。如果有事要让孩子等待，时间不要太长，承诺要兑现。同时要让孩子知道，希望和喜欢的人不分开是不可能的，每个人都有自己要做的事。

提示： 2. 与孩子分离时不要采取偷偷溜走的方式，这会让孩子失去对父母的信任，最好告诉孩子什么时候一定会来接他，说"再见"后离开。如果此时老师能配合，带他参加一些有趣的活动，会有较好的效果。

★ 嫉妒

孩子在这些情况下有可能会嫉妒，比如，爸爸妈妈夸奖别的小朋友；自己做不好的事别人做好了；别人拥有自己想要的东西；老师关注别人而不关注我；自己的朋友老和别人玩儿……

孩子的嫉妒反映了他对自己的重要性、能力、影响力的怀疑，这种怀疑可能源于父母、老师不经意间的谈话，也可能有其他的原因。父母要让孩子意识到自己是与众不同的，拥有自己的长处，人与人之间是有差别的。要避免拿自己的孩子去和其他孩子比较，也不要认为某个孩子是最好的。

★ 羞愧

　　孩子从 3 岁左右开始，对自己做了被禁止的事，或做事失败时，会感到羞愧。

　　当孩子违规时，父母如果只是一味地批评、责怪，孩子会感到羞愧；如果能指出违规行为可能导致的后果，并告诉孩子应该如何做，孩子更多会感到内疚，而感到内疚的孩子可能会弥补自己的过失。

　　在对待孩子的失败方面，父母如果太看重结果，常因失败而严厉批评孩子，会使他们深感羞愧，陷入消极情绪；如果能帮助孩子分析原因，提出新目标，孩子可能会转向积极的情绪。

5. 帮助孩子保持积极情绪

★ 关心他人

当孩子能关心和帮助别人，就会感到快乐和满足，会产生较高的自我价值感和积极主动的态度。关心他人，首先要让孩子感到自己是被爱的，当他生病了，有亲人陪伴；有伤心事时，有人安慰；需要帮助时，有人关心和支持。只有体验到关爱，才能为孩子推己及人，产生同情心奠定基础。因此，父母要在日常生活中以身作则，和孩子一起关心受到伤害和需要帮助的人和小动物。

★ 认可自己

当孩子得到父母、老师的肯定和赞赏，会认为"我很棒"，并获得积极的情绪体验；而当得不到肯定和赞赏时，则会怀疑自己的能力，产生消极的情绪。

但孩子不可能一直成功，父母要帮助孩子认识自己与众不同之处，没必要处处与别人比，也没必要为赢得所有人的夸奖去改变自己，应鼓励和支持孩子对自己的信心和创造的热情。

★ 保持亲昵的氛围

学前儿童良好的情绪与父母的养育态度密切相关，如果父母能有意识地保持亲昵的氛围，如坚持一起吃早餐、让孩子拥抱爸爸妈妈、坚持每天亲吻孩子等，会使孩子感到安全、温暖、愉快和幸福。

案例： 丽丽每天都要亲亲小熊，因为妈妈爸爸就是这样亲她的，晚上，丽丽经常和爸爸背靠背地做游戏，和妈妈互相碰脚丫，听故事时躺在爸爸的怀里，又温暖又幸福。

★ 积极评价孩子

在评价孩子时，尽可能采用积极的态度，通过与孩子的交流，让他们了解自己的长处与短处，逐步形成客观的自我评价标准。对孩子的长处，要给予鲜明的反馈，提高其自信心、自豪感和荣誉感；对孩子的不足，要有根据地告诉他，并提出改进的建议和要求。引导孩子在乎自己在别人心中的形象，以提高他的自我调节能力。

★ 让家里充满音乐

如果父母能在家里经常播放音乐，让家里充满音乐，并促进孩子积极参与，可以使孩子充分体验音乐带来的快乐，这种体验不仅可以培养他们积极的情感表达，而且可以在不同的音乐中体验多样、细腻的情绪，发挥音乐对孩子的教育功能，陶冶情操并表现真实的自己。

★ 发挥幽默的力量

　　幽默是开朗、自信和智慧的表现，有幽默感的父母面对孩子时，往往用幽默化解一些难以跟孩子说明白的问题；用幽默缓解孩子的焦虑和痛苦；用幽默让孩子乐观地看问题；用幽默与孩子之间建立亲密和信任的关系。在充满幽默感的家庭，孩子的情绪状态会更加积极。

案例： 明明回到家很不开心，因为妞妞跟他炫耀："我妈妈是硕士，我爸爸是博士，你爸爸妈妈呢？"爸爸微笑着说："你可以自豪地告诉她，我爸爸是男士，我妈妈是女士，都非常地帅！"

★ 教给孩子应急的策略

　　应教给孩子一些应急的策略，以应对突发的事件，比如，当和爸爸妈妈在超市走丢了，应该怎么办？当大哥哥要抢东西时怎么办？忘了老师交给的任务怎么办？教给孩子应急的策略，关注点并非完全是具体办法，而是帮助孩子在面对突发情况时，学习减少冲动，冷静地控制自己的情绪，寻求解决办法。

★ 放弃不必要的竞争

　　有些父母认为，孩子从小就
要适应激烈的竞争，由父母做主
报了很多班，没有充分考虑孩子
的兴趣和能力，同时还希望孩子
在各方面都优秀，实际上却可能
让孩子经历不必要的失败和自
卑。这种潜在的、长期的竞争不
利于学前儿童保持积极、乐观的
情绪，是完全不必要的。

三、伤害孩子情绪的教育误区

  孩子在与人和物的交互过程中，随时都在产生各种不同的情绪，这些情绪对孩子们来说，都是重要的经验。学前的孩子正处于学习如何恰当地表达自己、理解别人情绪、控制自己情绪的初级阶段，他们需要学习很多相关的知识和经验，需要有良好的榜样来模仿，需要有人来指导和支招。在这一阶段，家庭是孩子学习的第一场所，父母是他们的第一任老师，所以，在家里发生的事，父母对自己情绪控制、调节的状况，以及对孩子情绪能力发展的态度和作为，都将深刻地影响着孩子。

  下文会列出一些需要父母关注和避免的问题，看起来有些极端和令人不悦，但这些行为却经常发生在情急的时候、发生在父母浑然不知的时候……而孩子却正在用他们纯洁、天真的情感和理解力，尝试解释、学习、融入这个复杂多变的世界，那么，爸爸妈妈们应作出什么样的选择呢？

1. 父母在孩子面前爆发冲突和愤怒

　　父母当着孩子发生冲突，相互间传递愤怒、怨恨，会给孩子造成巨大的压力，即使争吵的内容与他们无关，孩子也会感到家庭的危机，感到自己的无能为力，担心自己的处境，这对他们的情绪情感是极大的伤害。

2. 忽视孩子的情绪

　　一些父母对孩子的喜怒哀乐不关注、不敏感，即使孩子不高兴了，也认为不去理他，这些情绪就会消失，这使孩子感到父母不关心他们，那些消极的情绪不仅不会消失，还会负面地积累。

　　以后，当孩子处于不痛快、委屈、压抑等负面情绪时，就不会再向父母倾诉，与父母之间难以建立情感沟通的桥梁，父母也就在不知不觉中放弃了对孩子情绪能力的培养。

3. 否定孩子的情绪

　　有些父母只希望孩子欢天喜地，而对孩子的消极情绪不喜欢、不接受，因此，在孩子不高兴时，常常给予较生硬的回应。

提示： 当父母否定孩子情绪时，孩子会认为这些情绪是错误的，会认为自己是不招人喜欢的坏孩子。

不许哭，摔一跤，又不会死！

4. 讥笑孩子的不开心

　　当孩子处于强烈情绪中，如发脾气或大哭时，有些父母想缓解一下紧绷的状况，试图对孩子开个玩笑，转移一下注意力，但往往不自觉地采用了讥笑的方式，其实，这是一种破坏性的做法。

是你答应带我去姥姥家的!
为什么又不去了?

哈哈，你的公鸭嗓已经
传遍全楼了!

5. 把自己的坏情绪带给孩子

在快节奏、高压力的生活中，年轻的父母难免会因为各种原因产生坏情绪，加上回家后家务、孩子等琐事，往往难以控制自己。当孩子提出各种问题、要求时，有些父母就不耐烦地打发孩子，甚至迁怒于孩子。父母是孩子学习情绪控制最重要的榜样，今天父母在家庭里怎么做，未来孩子就会怎么做。

案例：叮叮的爸爸近来工作非常忙，经常把活儿带回家干。

一天，当他抱着一大叠公文回家时，叮叮欢天喜地奔过去拥抱爸爸，但把公文撞撒了一地！爸爸发怒了！！

6. 用惩罚来快速解决问题

　　孩子经常出现消极情绪，并非都如成人的简单判断，但有些父母不经思考就下结论，并在孩子不服或继续生气、大哭、发脾气时，采用惩罚手段甚至武力来快速解决问题。

提示： 当孩子经常出现惹人生气的事件时，父母应反思对孩子的教育是否出现了问题，这需要父母有自省的精神、耐心和毅力。首先要获得孩子的信任，然后要与孩子细致地沟通，对不同性格的孩子应采用不同的策略，比如，对倔强的孩子，要采用柔软的方式。解决这些问题，父母必须投入情感、时间和精力，而不能指望一蹴而就。

7. 忽视媒体对孩子的影响

★ 让电视机、手机、iPad 来陪伴孩子

　　绝大多数孩子都喜欢看电视、玩手机、玩 iPad，有些爸爸妈妈也因为下班后琐事缠身，索性就让这些媒体来陪伴孩子。

★ 忽视孩子所看的节目或内容

　　对孩子所看的内容，不关注、不参与，不仅不与孩子讨论他们感兴趣的内容，而且对影响孩子情绪的节目，如惊悚节目、暴力节目不加制止。

★ 电视机成为家庭的焦点

电视机不仅摆在家中最重要、最显眼的地方，电视还取代了父母与孩子的情感交流，剥夺了父母与孩子亲昵的机会，冲击了温馨的家庭氛围。

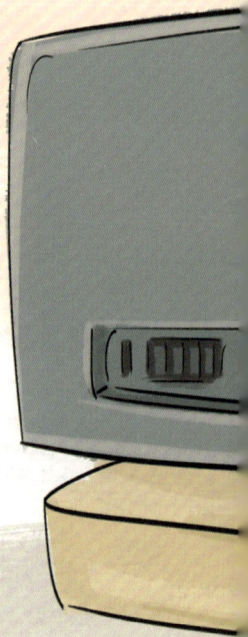

★ 忽视鉴别与节制

　　媒体播放的节目中，不乏品味低俗、粗制滥造、儿童不宜的，给孩子看的节目必须经过挑选，如果父母要看成人节目，应等孩子睡了后再看。父母要有节制地看电视，空出更多的时间与孩子共享天伦之乐。

结　语

　　学前阶段，孩子虽然还很小，但情绪能力的培养对他们有着现实和未来的意义。有研究表明，不少青少年表现出的攻击性行为、暴躁的脾气、偏激的性格等，追溯到童年，都会发现一些由于家庭环境、养育方式和文化影响所造成的负面影响。在儿童早期关注他们情绪能力的培养，会使孩子终身受益。一个情绪良好的孩子，不仅自己愉快，而且更有可能成为积极主动的人，具有亲社会行为的人，深受大家喜欢的人，也会有着可预测的幸福的未来。